L'AMOUR FLÉCHY

PAR LA CONSTANCE.

PASTORALE

MISE EN MUSIQUE

Par Monsieur DE LA LANDE,
Sur-Intendant de la Musique du Roy.

ET CHANTE'E A FONTAINE-BLEAU
devant Sa Majesté, le   1697.

A PARIS,

Par CHRISTOPHE BALLARD, seul Imprimeur du Roy
pour la Musique, ruë S. Jean de Beauvais,
au Mont-Parnasse.

M. DC. XCVII.

ACTEURS.

TIRCIS, *Amant de Philis.*

PHILIS, *Bergere aimée de Tircis.*

DAPHNIS, *Amant de Climene.*

CLIMENE, *Amante de Daphnis.*

Troupes de Bergers.

Troupe de Bergeres.

La Scene est dans un Boccage ; prés d'un Temple
consacré à l'Amour.

L'AMOUR FLECHY
PAR LA CONSTANCE.
PASTORALE.

SCENE PREMIERE.
TIRCIS seul.

Ant qu'a duré la nuit, Oiseaux, vôtre silence
A fait taire en vain les Echos :
Ni les ombres, ni le repos,
N'ont pû de ma douleur calmer la violence
Le jour brille, & déja, pour flatter mes ennuis,
Vos chants m'ont annoncé sa naissante lumiere ;
Foible secours, hélas, dans l'état où je suis !
Pour un cœur qu'Amour desespere,
Il n'est point de beaux jours, ni de paisibles nuits.

Simphonie pour le sommeil.

A ij

Mais le sommeil, malgré le retour de l'Aurore,
Voudroit-il enchanter le mal qui me devore?
Quel charme assoupissant? ... Quelle douce langueur
Ramene la Paix dans mon ame? ...

Doux sommeil, puisses-tu, dans un songe flatteur,
Peindre à mes sens calmez la beauté qui m'enflamme,
Et me la peindre sans rigueur!

Simphonie.
Il s'en dort.

SCENE DEUXIE'ME.

CHOEUR de Bergers, & de Bergeres,
TIRCIS, CLIMENE.

PETIT CHOEUR.

Allons, allons; est-il tems qu'on sommeille?
Quittez, Bergers, les Hameaux d'alentour.

UNE BERGERE.

Déja les Echos tour à tour,
Chantent l'Amour
Qui les réveille:
L'Aurore vermeille
Promet un beau jour.

PETIT CHOEUR.

Allons, allons ; est-il tems qu'on sommeille ?
Quittez, Bergers, les Hameaux d'alentour.

UNE BERGERE.

Paissez en paix, dans ces retraittes,
Heureux Moutons, ne craignez point les Loups :
L'Amour lui seul, puisqu'il prend soin de vous,
Vous gardera bien mieux que nous,
Avec nos Chiens, & nos houlettes.

CHOEUR.

Chantons ce Dieu vainqueur ; chantez petits oiseaux :
Répondez par des chants nouveaux
Aux doux accents de nos Musettes.
Chantons ce Dieu vainqueur : coulez, charmans ruis-
seaux ;
Accordez le bruit de vos eaux,
Aux doux sons de nos Chansonnettes.

UN BERGER.

C'est trop s'arrester dans ces lieux :
Dans le Temple prochain, courons au sacrifice.
Quand l'Amour une fois consent qu'on le fléchisse,
Peut-on trop ménager ce moment precieux ?

CLIMENE.

Le Berger qui m'a sçû plaire
Est éloigné de ce charmant sejour :

Ah! si l'Amour, à mes vœux moins contraire,
Ne m'accorde enfin son retour;
Je n'ai plus de vœux à lui faire!

CHOEUR.

Hâtons-nous, suivons dans ces Bois
L'Amour qui nous appelle;
Heureux, heureux cent fois
Un cœur tendre & fidelle!
Heureux, heureux cent fois
Un cœur toûjours soûmis à ses aimables loix.

Tirsis s'écarte en rêvant, sans beaucoup s'éloigner.

SCENE TROISIE'ME.

CLIMENE seule.

Doux calme de la solitude,
Ah! que vous flattez tendrement
Une amoureuse inquiétude!
Absente du Berger qui cause mon tourment,
Sans vous, sans vôtre enchantement,
Que l'absence me seroit rude!
Doux calme de la solitude,
Ah! que vous flattez tendrement
Une amoureuse inquiétude!

Forêts, Echos, Rive fleurie,
Ah ! jusqu'au rétour que j'attends,
Entretenez ma rêverie !
Vous avez vû Daphnis ; repetez les serments
Qu'il m'a faits, en ces lieux charmants,
De m'adorer toute sa vie.
Forêts, Echos, Rive fleurie,
Ah ! jusqu'au retour que j'attends,
Entretenez ma rêverie !

Climene apperçoit Tircis.

SCENE QUATRIE'ME.

CLIMENE.

QVoi ! Tircis ne suit point nos Bergers amoureux ?

TIRCIS.

Vous ne les suivez point Climene !

CLIMENE.

L'Amour les favorise ; il trahit tous mes vœux.

TIRCIS.

L'impitoyable Amour m'accable sous sa chaîne.

CLIMENE.

Philis brûle en secret des mêmes feux que vous.

TIRCIS.

Plus je languis sous son empire,
Plus je vois éclater son injuste courroux :
Du même amour qu'elle m'inspire,
Croirai-je qu'en secret la cruelle soupire,
Tandis qu'elle me laisse expirer de ses coups ?

CLIMENE.

Dans un piége innocent attirez l'Inhumaine ;
Feignez de la quitter pour de nouveaux appas.

TIRCIS.

Ce seroit meriter ma peine :
Ah ! plûtôt mille fois recourir au trépas !

Ensemble.

En mourant d'un amour, dont on n'ose se plaindre,
Quel rigoureux supplice, hélas,
D'être reduit à feindre
Un amour que l'on ne sent pas !

On entend une Simphonie gaye.

TIRCIS.

Qu'entens-je…. quel bruit de Musettes
Vient encore troubler la paix de ces retraittes.

CLIMENE.

Quoi ! déja nos Bergers de retour en ces Bois
Ont achevé leur sacrifice ?

TIRCIS.

PASTORALE.
TIRCIS.

Les Concerts éclatants que forment leurs Hautbois,
Nous annoncent assez qu' Amour leur est propice,
CLIMENE.

Heureux Amants!... je vais essayer à mon tour
D'appaiser le cruel Amour.

SCENE CINQUIEME.

CHOEUR de Bergers & de Bergeres, TIRCIS.
CHOEUR.

Aimons, engageons-nous, l'Amour sous son
empire,
    Promet aux tendres cœurs
    D'éternelles douceurs.
Ce n'est que de plaisir qu'il veut que l'on soupire.
Fuyez soupçons, fuyez importunes rigueurs!
Aimons, engageons-nous : l'Amour sous son empire,
    Promet aux tendres cœurs
    D'éternelles douceurs.

PASSACAILLE.

Deux Bergeres, & le petit Chœur.

Sous ses loix, sans effort l'Amour range nos ames,
Il n'y laisse regner que d'innocentes flammes;
Nous fuyons en aimant ses transports dangereux;
Qui s'y laisse surprendre est toûjours malheureux.

B

Sans blesser le devoir, nous suivons la tendresse ;
Sur ses feux les plus purs nous reglons nos desirs :
Trop heureux qui, malgré l'amoureuse foiblesse,
Peut avec l'innocence, accorder les plaisirs !

CHOEUR.

Aimons, engageons-nous, l'Amour sous son empire,
Promet aux tendres cœurs
D'éternelles douceurs.
Ce n'est que de plaisir qu'il veut que l'on soupire :
Fuyez soupçons, fuyez importunes rigueurs !
Aimons, engageons-nous ; l'Amour sous son empire
Promet aux tendres cœurs
D'éternelles douceurs.

SCENE SIXIE'ME.

TIRCIS, PHILIS, CHOEURS.

TIRCIS à part.

Dieux, j'apperçois ici l'Ingratte qui m'enchante !

PHILIS à part.

Le Berger que je crains a mes yeux se presente !

TIRCIS.

Amour, desarme enfin son injuste rigueur !

PHILIS.

Fier devoir, contre lui soutiens mon foible cœur !
Fuyons !...

TIRCIS.
Arrêtez, inhumaine!...

PHILIS.
Non, non je dois vous éviter.

TIRCIS.
Hé, par quel crime ai-je pû meriter
Tant de mépris & tant de haine!

PHILIS.
Je veux me dérober aux éclats dangereux.
D'un amour importun qui ne peut se contraindre :
Sans cesse, je vous vois m'accuser, & vous plaindre.

TIRCIS.
Si, pour se flatter d'être heureux,
Il ne falloit qu'être fidelle :
Je ne me plaindrois pas, Cruelle,
De mon sort rigoureux!

PHILIS.
Helas!...

TIRCIS.
Ne puis-je aumoins fléchir vôtre colere!

PHILIS.
Laissez-moi!...

TIRCIS.
Mes soupirs m'ont rendu criminel;
Pour m'en punir, & ne vous plus déplaire,
C'en est fait, je m'impose un éxil éternel:
Je vais....

PHILIS.

Qu'allez-vous faire!
Tircis, où courez-vous?...

TIRCIS.

Loin de vos yeux, Ingratte, expirer de vos coups.

PHILIS.

Vivez; mais, s'il se peut, évitez ma presence:

TIRCIS.

Quel arrêt, quelle violence!

Vous m'ordonnez de vivre, hélas,
Et vous voulez que je vous fuye!
Non, je ne puis souffrir la vie,
Si je ne vous vois pas.

PHILIS.

Quelle pitié vient me surprendre!

TIRCIS.

Vous soûpirez!

PHILIS.

Falloit-il vous entendre!

En vain je connois tout le prix
De l'innocente paix qui regnoit dans mon ame:
Je la perds; & je sens déja que je chéris
Le trouble qu'en sa place y cause vôtre flamme.
Vous m'aimez!...

TIRCIS.

Quel bonheur de voir que sans courroux,
Vôtre cœur desarmé souffre un aveu si doux!
Vôtre rigueur toûjours extrême
û croître les feux, dont je suis enflamé:
s me laissez gouter le plaisir d'être aimé;
Et vous doutez si je vous aime?

Ensemble.

Aprés le long tourment
D'une cruelle feinte;
Quel bonheur, quel enchantement
De pouvoir, en aimant,
Soupirer sans contrainte!

SCENE SEPTIEME.

IRCIS, PHILIS, CLIMENE.

PHILIS.

len, Climene, prend part aux succés de nos
feux.

TIRCIS.

Sous son empire suprême
Amour, le tendre Amour nous rassemble tous deux.

CLIMENE.

se-t-il à jamais durer de si beaux nœuds!

PHILIS.

Puisse-t-il à Daphnis te réünir de même!

CLIMENE.

J'ose enfin l'esperer, l'Amour me le permet :
Heureuse, aprés les maux d'une trop longue abser
S'il accorde bien-tôt à mon impatience
Le prompt retour qu'il me promet!

PHILIS.

N'en doute point ; mais, Dieux! c'est Daphnis
  s'avance!
C'est lui même....

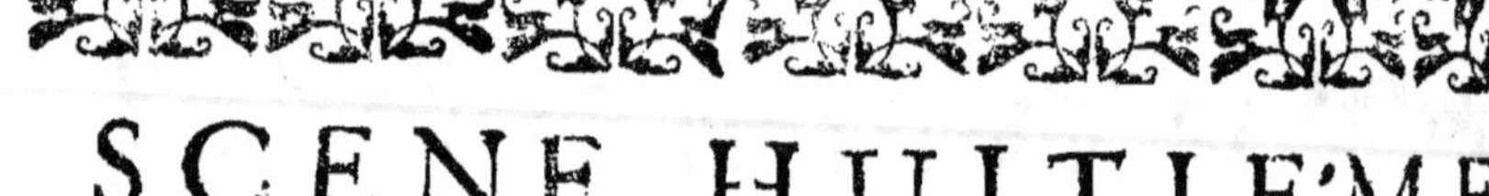

SCENE HUITIE'ME

TIRCIS, PHILIS, DAPHNIS, CLIMEN
CHOEURS.

CLIMENE.

Que vois-je?...est-ce un songe flatteur?
Daphnis!....

DAPHNIS.

Adorable Climene!

CLIMENE.

Regnai-je encor dans vôtre cœur?

DAPHNIS.

tagez-vous encor mes soûpirs & ma peine?

ENSEMBLE.

Ah! plûtôt mille fois
Renoncer à la vie,
Que trahir par un autre choix
Le tendre amour qui nous lie.

DAPHNIS.

Sous ces ormeaux menacez des hivers,
nene me promit une ardeur éternelle :
n feüillage nouveau je les trouve couverts ;
    Et malgré l'absence cruelle,
evois ma Bergere, & la revois fidelle.

CLIMENE.

s naissants, mon Berger, en s'éloignant de vous,
us avoit enlevé vos appas les plus doux :
is puisque pour guérir mes mortelles allarmes,
    Il revient sensible & constant ;
s naissants, pour mon cœur amoureux & content
    Reprenez enfin tous vos charmes.

DAPHNIS.

uis encore aimé! Dieux! quel est mon bon-heur!

CLIMENE.

Daphnis!

DAPHNIS.

Adorable Climene!
Regnai-je encor dans vôtre cœur?

DAPHNIS.

Partagez-vous encor mes soûpirs & ma peine

ENSEMBLE.

Ah! plûtôt mille fois
Renoncer à la vie,
Que trahir par un autre choix·
Le tendre amour qui nous lie!

SCENE DERNIERE.

Les mêmes Acteurs, Chœurs.

CHOEUR.

AMour, quelle langueur, quel trouble p
d'a:traits
Verses-tu dans nos cœurs fidelles?
Que tes coups sont charmant:! non, la plus douce p
Ne vaut pas les transports des amours mutuell

UNE BERGERE.

Tout doit aimer dans nos champs,
En vain l'on s'en exempte:

PASTORALE.

Sous ces ombrages naiſſants,
Le Roſſignol nous chante ;
Heureux, heureux ſont deux amants
Qu'un tendre amour enchante !

PETIT CHOEUR.

Heureux, heureux ſont deux amants
Qu'un tendre amour enchante !

UNE BERGERE.

Voyez dans ces lieux charmants
Ce Ruiſſeau qui ſerpente :
Bergers, de vos jeunes ans
Suivez la douce pente ;
Heureux, heureux ſont deux amants
Qu'un tendre amour enchante !

Brûlez dans vôtre printemps
D'une Flâme innocente   ;
Fuyez les amuſements
D'une ame indifferente :
Heureux, heureux ſont deux amants
Qu'un tendre amour enchante !

Les plaiſirs les plus touchants
Combleront vôtre attente :
Se peut-il qu'en ces inſtants
D'aimer l'on ſe repente ?
Heureux, heureux ſont les amants
Qu'un tendre amour enchante !

C

CHOEUR.

Amour, quelle langueur, quel trouble plein d'attraits
Verses-tu dans nos cœurs fidelles ?
Que tes coups sont charmants ! non, la plus douce paix
Ne vaut pas les transports des amours mutuelles.

FIN.